escuela - sakola	2
viaje - lalampahan	5
transporte - transportasi	8
ciudad - kota	10
paisaje - pamandangan	14
restaurante - restoran	17
supermercado - supermarkét	20
bebida - inuman	22
comida - dahareun	23
granja - pertanian	27
casa - imah	31
cuarto de estar - rohang tamu	33
cocina - dapur	35
cuarto de baño - kamar ibak	38
cuarto de los niños - kamar budak	42
vestimenta - acuk	44
oficina - kantor	49
economía - ékonomi	51
ocupaciones - pagawéan	53
herramientas - alat	56
instrumentos musicales - alat musik	57
zoológico - kebon binatang	59
deporte - olahraga	62
actividades - aktivitas	63
familia - kulawarga	67
cuerpo - awak	68
hospital - rumah sakit	72
emergencia - darurat	76
Tierra - Bumi	77
reloj - jam	79
semana - minggu	80
año - taun	81
formas - bentuk	83
colores - warna-warna	84
opuestos - sabalikna	85
números - angka-angka	88
idiomas - basa-basa	90
quién / qué / cómo - saha / naon / kumaha	91
donde - di mana	92

Impressum
Verlag: BABADADA GmbH, Nedderfeld 112 , 22529 Hamburg
Geschäftsführer / Verlagsleitung: Harald Hof
Druck: Books on Demand GmbH, In de Tarpen 42, 22848 Norderstedt

Imprint
Publisher: BABADADA GmbH, Nedderfeld 112 , 22529 Hamburg, Germany
Managing Director / Publishing direction: Harald Hof
Print: Books on Demand GmbH, In de Tarpen 42, 22848 Norderstedt

escuela
sakola

- aula / rohang kelas
- dividir / bagi
- mesa / papan
- patio de escuela / pakarangan sakola
- docente / guru
- papel / kertas
- escribir / nyerat / nulis
- bolígrafo / kalam
- escritorio / méja gawé
- regla / jidar
- libro / buku
- alumno / murit

mochila escolar

tas sakola

caja de lápices

wadah potlot

lápiz

potlot

sacapuntas

rautan potlot

goma de borrar

pamupus

bloc de dibujo

kertas gambar

dibujo
gambar

pincel
kuas cét

caja de pinturas
kotak cét

tijera
gunting

pegamento
lém

libro de ejercicios
buku latihan

tarea
péér

número
angka

sumar
nambahkeun

restar
kurang

multiplicar
kali

calcular
ngitung

letra
surat

alfabeto
alpabét

palabra
kecap

escuela - sakola

texto
téks

leer
maca

tiza
kapur

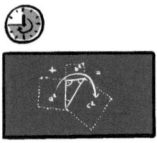
lección
palajaran

libro de clase
daptar

examen
ujian

certificado
sértipikat

uniforme escolar
saragam sakola

educación
atikan

enciclopedia
énsiklopédi

universidad
univérsitas

microscopio
mikroskop

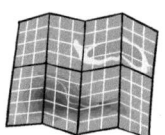
mapa
peta

cesto de papeles
wadah runtah

viaje
lalampahan

hotel
hotél

albergue
hostél

casa de cambio
kantor pertukaran mata uang

maleta
koper

auto
mobil

idioma

basa

sí / no

muhun / henteu

ok

oké

hola

hei

intérprete

panarjamah

gracias

hatur nuhun

¿Cuánto cuesta…?
sabaraha hargana…?

No entiendo
abdi teu ngartos

problema
masalah

¡Buenas tardes!
Wilujeng wengi!

¡Buenos días!
Wilujeng siang!

¡Buenas noches!
Wilujeng wengi!

adiós
mugi patepang deui

dirección
arah

equipaje
bagasi

bolso
kantong

mochila
ransel

invitado
tamu

cuarto
rohang

saco de dormir
kantong saré

tienda de campaña
tenda

información al turista
informasi wisata

playa
pantai

tarjeta de crédito
kartu krédit

desayuno
sarapan

almuerzo
dahar beurang

cena
dahar peuting

pasaje
tikét

ascensor
lift

sello
perangko

límite
wates

aduana
cukai

embajada
kedutaan

visa
visa

pasaporte
paspor

transporte
transportasi

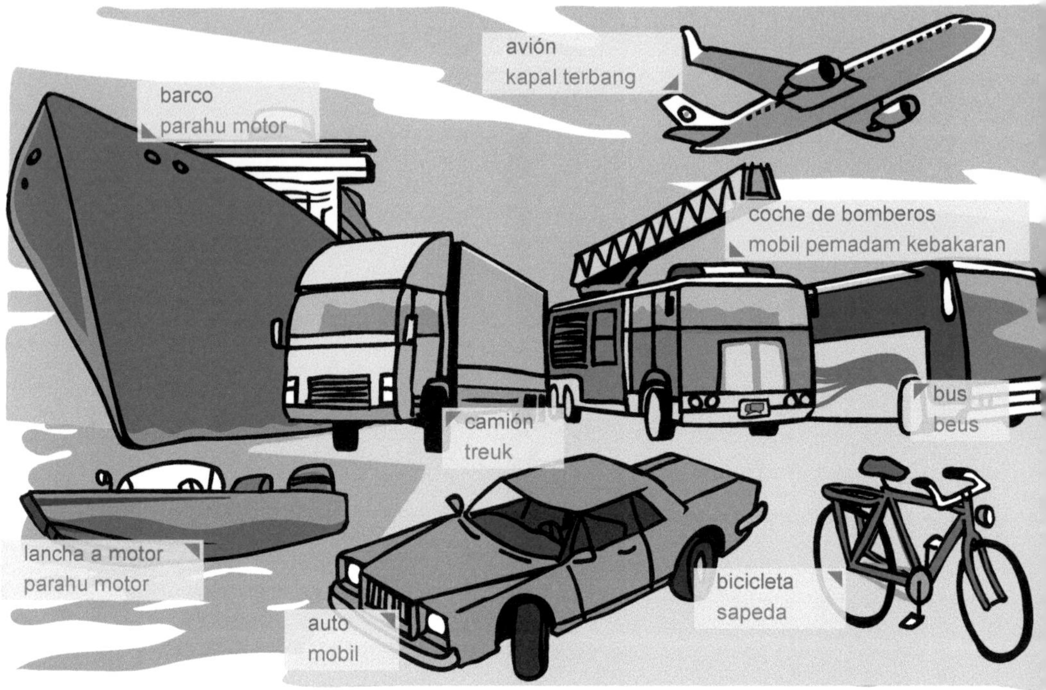

avión
kapal terbang

barco
parahu motor

coche de bomberos
mobil pemadam kebakaran

bus
beus

camión
treuk

lancha a motor
parahu motor

bicicleta
sapeda

auto
mobil

balsa
kapal féri

lancha
parahu

motocicleta
sapeda motor

auto de policía
mobil pulisi

auto de carreras
mobil balap

auto de alquiler
mobil nyéwa

alquiler de autos

mobil babarengan

grúa

treuk dérék

vehículo recolector de basura

treuk runtah

motor

motor

gasolina

bahan bakar

gasolinera

bénsin

señal de tráfico

tanda lalulintas

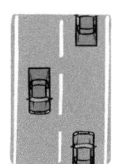

tránsito

lalulintas

atasco

macét

estacionamiento

parkir mobil

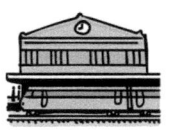

estación de tren

stasiun karéta

carril

trék

tren

karéta api

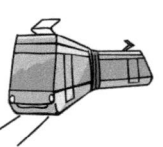

tranvía

tram

vagón

garobag

transporte - transportasi

helicóptero
hélikopter

aeropuerto
bandara

torre
munara

pasajero
panumpang

contenedor
konténer

caja de cartón
karton

carro
troli

cesta
karanjang

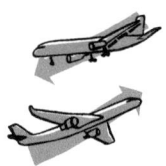
despegar / aterrizar
terbang / landas

ciudad
kota

aldea
kampung

centro de la ciudad
tengah kota

casa
imah

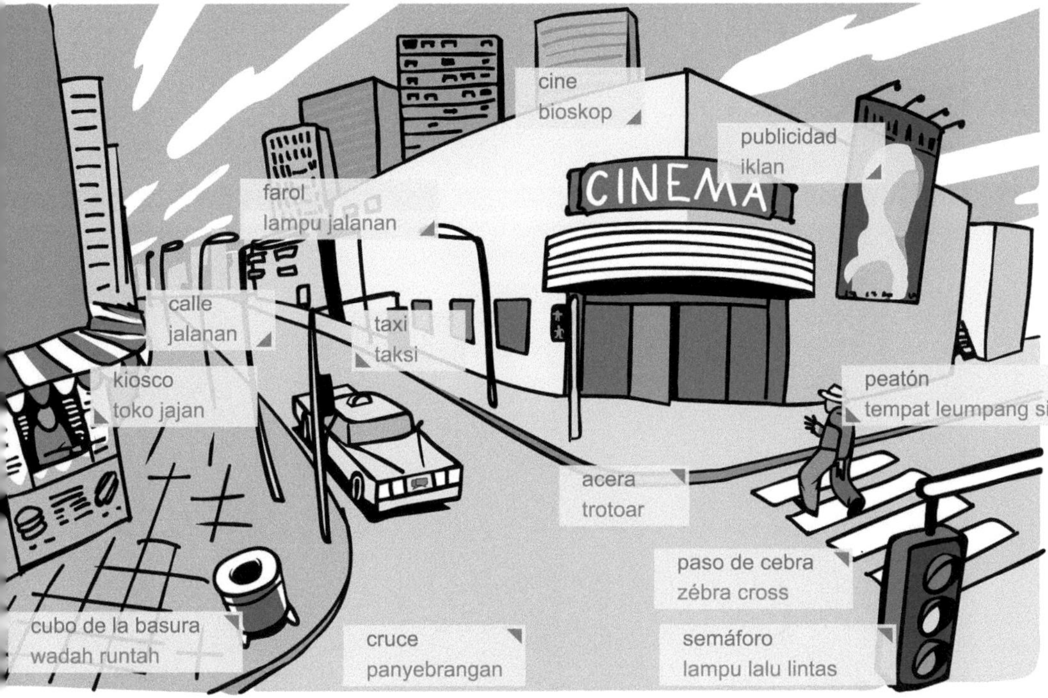

cine
bioskop

publicidad
iklan

farol
lampu jalanan

calle
jalanan

taxi
taksi

kiosco
toko jajan

peatón
tempat leumpang sis

acera
trotoar

cubo de la basura
wadah runtah

cruce
panyebrangan

paso de cebra
zébra cross

semáforo
lampu lalu lintas

cabaña
gubuk

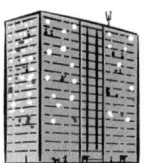

apartamento
imah flat

estación de tren
stasiun karéta

ayuntamiento
balai kota

museo
museum

escuela
sakola

ciudad - kota

universidad

univérsitas

banco

bank

hospital

rumah sakit

hotel

hotél

farmacia

farmasi

oficina

kantor

librería

toko buku

negocio

toko

florería

toko kembang

supermercado

supermarkét

mercado

pasar

grandes almacenes

swalayan

pescadería

nalayan

centro comercial

pusat balanja

puerto

palabuan

ciudad - kota

parque
kebon

banco
korsi

puente
sasak

escalera
tangga

metro
kareta bawah tanah

túnel
torowongan

parada de autobuses
halte beus

bar
bar

restaurante
restoran

buzón de correo
kotak surat

letrero
tanda jalan

parquímetro
meteran parkir

zoológico
kebon binatang

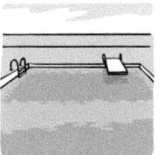

piscina
kolam renang

mezquita
masigit

ciudad - kota

 granja / pertanian

 polución / polusi

 cementerio / kuburan

 iglesia / gareja

 parque infantil / tempat ulin

 templo / pura

paisaje
pamandangan

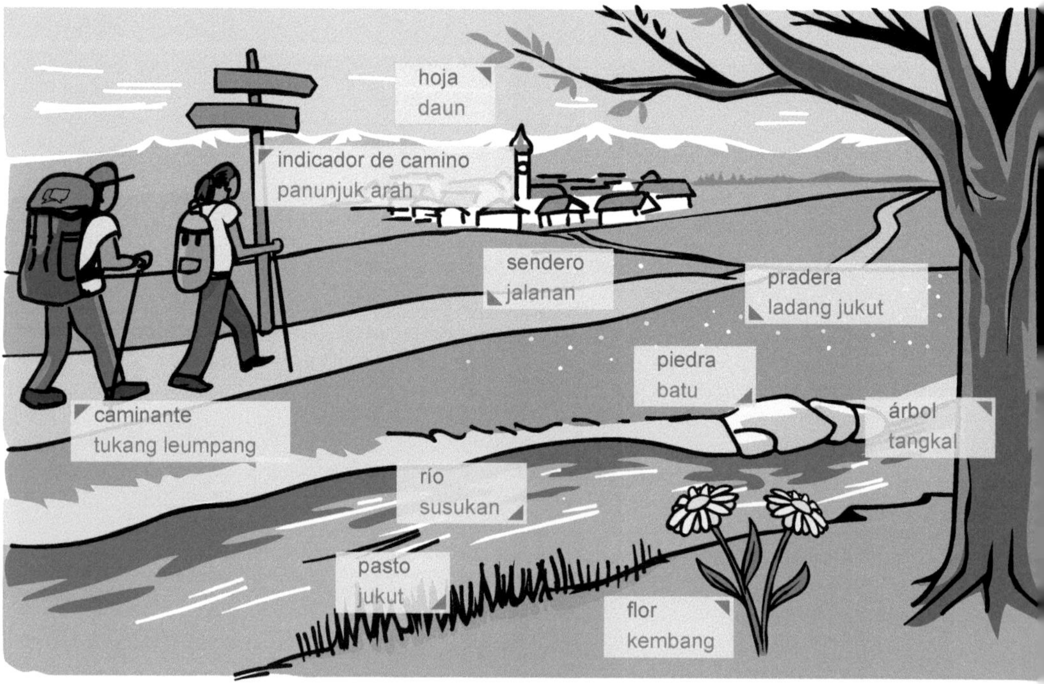

- hoja / daun
- indicador de camino / panunjuk arah
- sendero / jalanan
- pradera / ladang jukut
- piedra / batu
- árbol / tangkal
- caminante / tukang leumpang
- río / susukan
- pasto / jukut
- flor / kembang

valle
lengkob

montaña
bukit

lago
tasik

bosque
leuweung

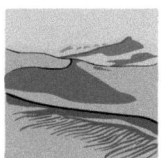

desierto
gurun

volcán
gunung marapi

castillo
karaton

arco iris
katumbiri

seta
suung

palmera
tangkal palem

mosquito
reungit

mosca
laleur

hormiga
sireum

abeja
nyiruan

araña
lamat lancah

paisaje - pamandangan

escarabajo
nyiruan

rana
bangkong

ardilla
bajing

erizo
landak

liebre
kalinci

lechuza
bueuk

pájaro
manuk

cisne
soang

jabalí
bagong

ciervo
kijang

alce
kijang

embalse
bendungan

aerogenerador
turbin angin

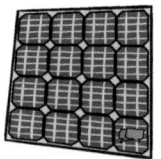

módulo solar
panél surya

clima
iklim

paisaje - pamandangan

restaurante
restoran

- camarero / badega
- carta del menú / menu
- silla / korsi
- sopa / sop
- pizza / pitsa
- cubiertos / parkakas dahar
- mantel / taplak

entrada
hidangan pembuka

plato principal
hidapan utama

postre
hidangan penutup

bebida
inuman

comida
dahareun

botella
botol

comida rápida / dahareun cepat saji

comida callejera / jajanan sisi jalan

tetera / téko téh

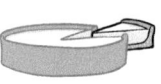

azucarera / wadah gula

porción / porsi

máquina de espresso / mesin éspréso

silla alta / korsi jangkung

factura / tagihan

bandeja / baki

cuchillo / péso

tenedor / garpu

cuchara / séndok

cuchara de té / séndok téh

servilleta / serbét

vaso / gelas

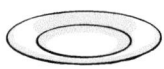

plato
piring

plato de sopa
mangkok sop

platillo
pisin

salsa
saos

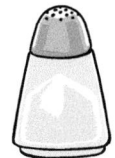

salero
wadah uyah

molinillo para pimienta
panggiling pedes

vinagre
cuka

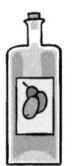

aceite
minyak

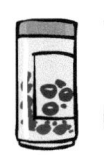 

especias
bumbu

ketchup
saos tomat

mostaza
mustard

mayonesa
mayonés

restaurante - restoran

supermercado
supermarkét

carnicería

tukang meuncit

panadería

toko roti

pesar

nimbang

verdura

sayur

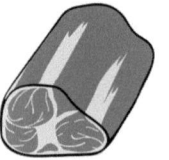

carne

daging

alimentos congelados

tuangeun beku

fiambre
alat potong daging

conservas
dahareun kaléng

detergente en polvo
sabun serbuk

dulces
permén

artículos domésticos
perkakas rumah tangga

productos de limpieza
produk pembersih

vendedora
tukang jualan

caja
kasa

cajero
kasir

lista de compras
daftar balanja

horario de atención
jam buka

cartera
dompét

tarjeta de crédito
kartu krédit

maleta
kantong

bolsa plástica
kantong palastik

supermercado - supermarkét

bebida
inuman

agua
cai

jugo
jus

leche
susu

refresco de cola
kola

vino
anggur

cerveza
arak

alcohol
arak

cacao
coklat

té
téh

café
kopi

espresso
éspréso

cappuccino
kapucino

comida
dahareun

banana
pisang

manzana
apel

naranja
jeruk

sandía
samangka

limón
lémon

zanahoria
wortel

ajo
bawang bodas

bambú
awi

cebolla
bawang bombai

seta
suung

nueces
suuk

fideos
emih

espagueti
spagéti

arroz
sangu

ensalada
salat

patatas fritas
kentang goréng

patatas salteadas
kentang goréng

pizza
pitsa

hamburguesa
hamburger

sándwich
roti lapis

escalope
sakeureut daging

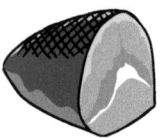

jamón
ham

salame
salami

embutido
sosis

pollo
hayam

asado
ngagoreng

pescado
lauk

copos de avena
bubur gandum

musli
séréal

copos de maíz tostado
cornflakes

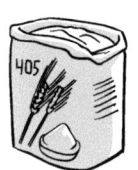

harina
tarigu

croissant
croissant

panecillo
roti

pan
roti

tostada
roti panggang

galletas
biskuit

mantequilla
mantéga

cuajada
dadih

pastel
kuéh

huevo
endog

huevo frito
goréng endog

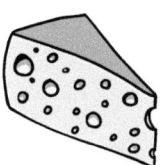

queso
keju

comida - dahareun

helado	azúcar	miel
eskrim	gula	madu

mermelada	praliné	curry
selé	krim coklat	karé

comida - dahareun

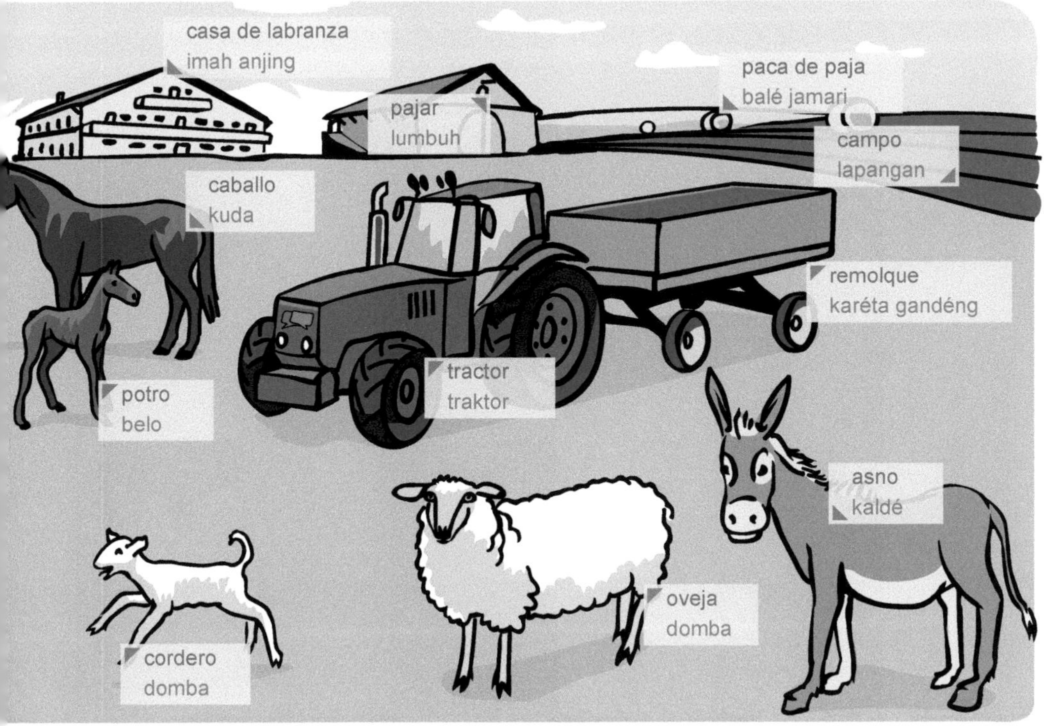

granja
pertanian

casa de labranza
imah anjing

pajar
lumbuh

paca de paja
balé jamari

campo
lapangan

caballo
kuda

remolque
karéta gandéng

potro
belo

tractor
traktor

asno
kaldé

cordero
domba

oveja
domba

cabra

embé

vaca

sapi

ternero

bitis

cerdo

bagong

lechón

babi

toro

banténg

granja - pertanian

ganso
soang

pato
éntog

polluelo
pitik

pollo
hayam

gallo
hayam jago

rata
beurit

gato
ucing

ratón
beurit

buey
sapi

perro
anjing

caseta del perro
imah anjing

manguera de riego
selang

regadera
kaléng nyiram

guadaña
arit panjang

arado
ngabajak

granja - pertanian

hoz
arit

azada
pacul

bieldo
garpuh jukut

hacha
kapak

carretilla
gorobah

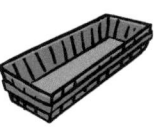
abrevadero
palung

lechera
kaléng susu

saco
karung

cerca
pager

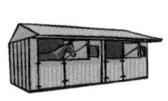
establo
kandang

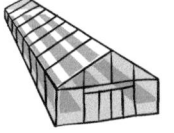
invernadero
imah kaca

suelo
taneuh

semilla
benih

fertilizante
pupuk

cosechadora
mesin permén

granja - pertanian

cosechar
panén

cosecha
panén

raíz de ñame
yams

trigo
gandum

soja
kedelé

patata
kentang

maíz
jagong

colza
lobak

Árbol frutal
tangkal buah

mandioca
sampeu

cereales
séréal

granja - pertanian

casa
imah

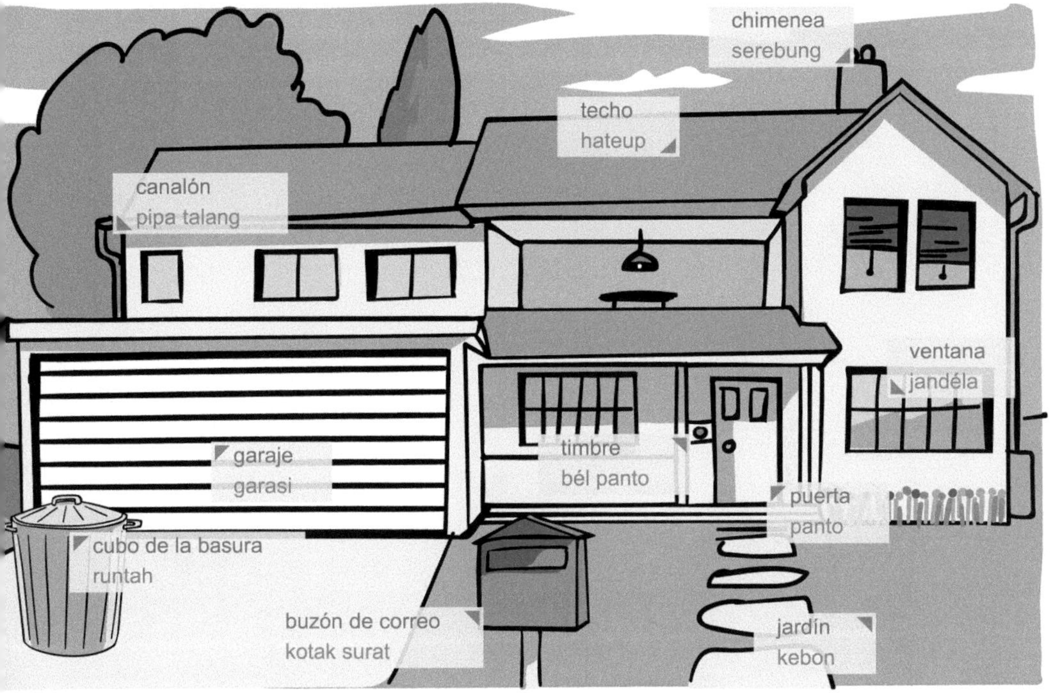

chimenea
serebung

techo
hateup

canalón
pipa talang

ventana
jandéla

garaje
garasi

timbre
bél panto

puerta
panto

cubo de la basura
runtah

buzón de correo
kotak surat

jardín
kebon

cuarto de estar

rohang tamu

cuarto de baño

kamar ibak

cocina

dapur

dormitorio

pangkéng

cuarto de los niños

kamar budak

comedor

kamar makan

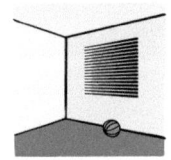

piso
téhel

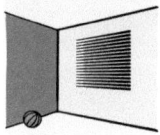

pared
tembok

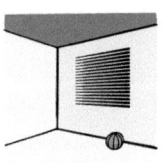

cielorraso
hateup

sótano
gudang di handap imah

sauna
sauna

balcón
balkon

terraza
tepas

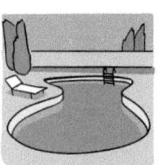

piscina
kolam renang

cortacésped
mesin pamotong jukut

funda nórdica
sepré

edredón
simbut

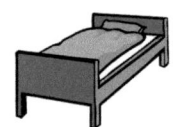

cama
ranjang

escoba
sapu

cubo
émbér

interruptor
tombol

casa - imah

cuarto de estar
rohang tamu

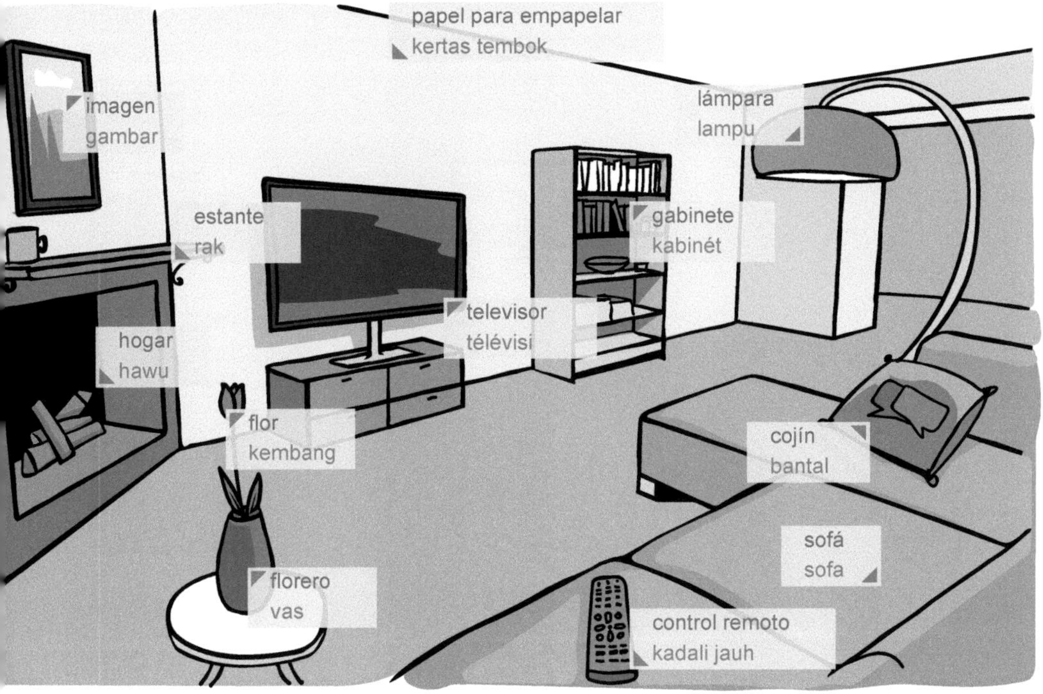

- papel para empapelar / kertas tembok
- imagen / gambar
- lámpara / lampu
- estante / rak
- gabinete / kabinét
- hogar / hawu
- televisor / télévisi
- flor / kembang
- cojín / bantal
- florero / vas
- sofá / sofa
- control remoto / kadali jauh

alfombra
karpét

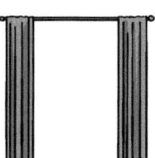

cortina
hordéng

mesa
meja

silla
korsi

mecedora
korsi goyang

sillón
korsi malas

libro
buku

frazada
simbut

decoración
dékorasi

leña
suluh

film
pilem

equipo estereofónico
hi-fi

llave
konci

periódico
surat kabar

cuadro
lukisan

póster
poster

radio
radio

bloc de notas
buku tulis

aspiradora
panyedot kebul

cactus
kaktus

vela
lilin

cuarto de estar - rohang tamu

cocina
dapur

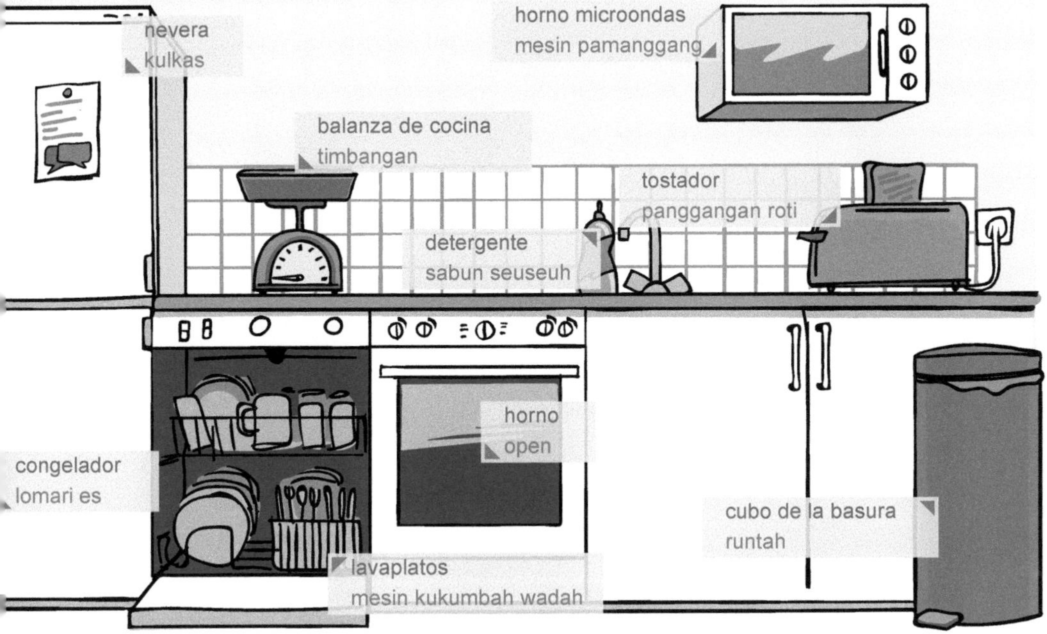

- nevera / kulkas
- horno microondas / mesin pamanggang
- balanza de cocina / timbangan
- tostador / panggangan roti
- detergente / sabun seuseuh
- congelador / lomari es
- horno / open
- cubo de la basura / runtah
- lavaplatos / mesin kukumbah wadah

cocina
kompor

olla
panci

olla de fundición de hierro
panci beusi

wok / kadai
katél

sartén
panci

hervidor de agua
citél

cocina - dapur

olla de vapor

langseng

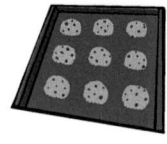

bandeja de horno

baki

vajilla

piring

vaso

cangkir

bol

mangkok

palillos para comer

sumpit

cucharón de sopa

sendok sop

espátula

sérok

batidor

pangocok

colador

ayakan

cedazo

saringan

rallador

parutan

mortero

mortar

parrillada

daging bakar

fogata

suluh

cocina - dapur

tabla de picar
papan pamotong

rodillo
gilingan

sacacorchos
alat pambuka tutup botol

lata
kaléng

abrelatas
pambuka kaléng

agarrador
gagang panci

fregadero
tilelep

cepillo
sikat

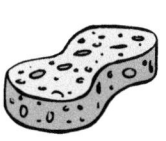
esponja
busa

batidora
blénder

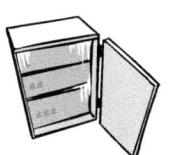
arcón congelador
lomari es

biberón
botol orok

grifo
keran

cocina - dapur

cuarto de baño
kamar ibak

- calefacción / mesin pamanas
- ducha / ibak
- toalla / anduk
- cortina para ducha / hordeng kamar ibak
- baño de espuma / mandi busa
- bañera / bak mandi
- vaso / gelas
- lavadora / mesin cuci
- baldosa / téhel
- grifo / keran
- orinal / pispot
- fregadero / tilelep

cuarto de baño
jamban

placa turca
cubluk

bidé
bidét

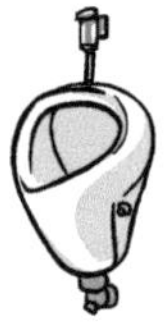

urinario
urinal

papel higiénico
kertas jamban

escobilla para el cuarto de baño
sikat jamban

38   cuarto de baño - kamar ibak

cepillo de dientes
sikat huntu

pasta dentífrica
odol

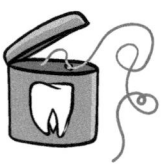
seda dental
benang gigi

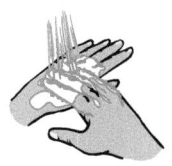
lavar
nyeuseuh

ducha teléfono
kokocoran leungeun

ducha higiénica
kukucuran

cuenco
bak

cepillo para la espalda
panyikat tonggong

jabón
sabun

gel de ducha
gel ibak

champú
sampo

manopla para baño
planél

desagüe
nguras

crema
krim

desodorante
déodoran

cuarto de baño - kamar ibak

espejo

eunteung

espejo de maquillaje

eunteung leungeun

máquina de afeitar

péso cukur

espuma de afeitar

busa cukur

loción para después del afeitado

krim cukur

peine

sisir

cepillo

sikat

secador para cabello

alat panggaring rambut

laca de peinado

semprotan rambut

maquillaje

pangrias beungeut

lápiz labial

lipstik

laca para uñas

cét kuku

algodón

kapas

tijera para uñas

gunting kuku

perfume

minyak seungit

neceser
kantong seuseuh

taburete
bangku

balanza
timbangan

bata de baño
baju mandi

guantes de goma
sarung tangan karét

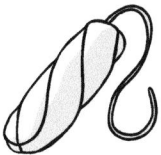
tampón
sampon

compresa
handuk pembalut

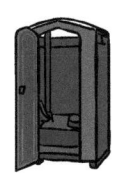
wáter químico
jamban kimia

cuarto de los niños
kamar budak

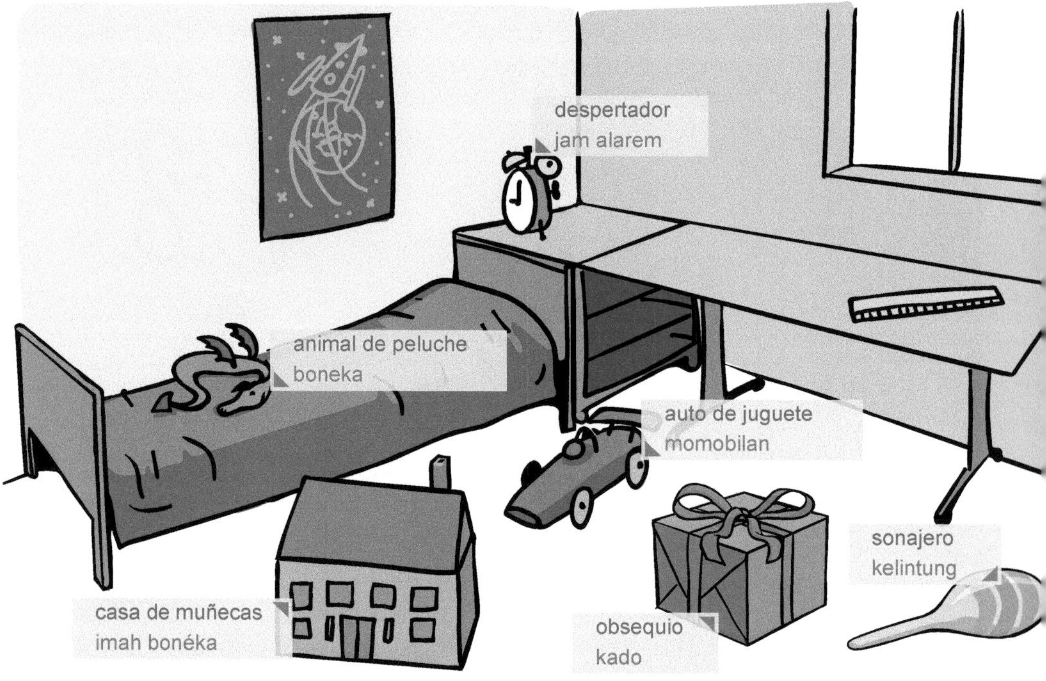

despertador
jam alarem
animal de peluche
boneka
auto de juguete
momobilan
sonajero
kelintung
casa de muñecas
imah bonéka
obsequio
kado

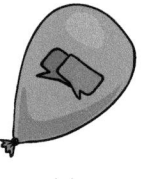

globo

balon

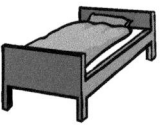

cama

ranjang

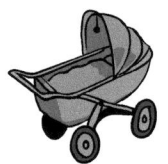

cochecito para niños

karéta orok

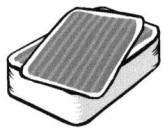

juego de barajas

kartu

rompecabezas

tatarucingan

SUPER
MEGA

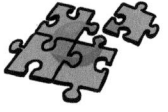

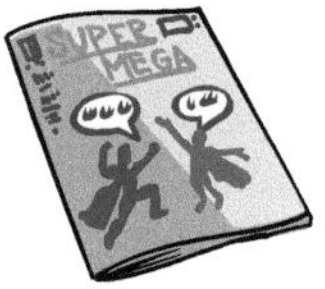

cómic

komik

piezas de Lego
kaulinan lego

bloques para jugar
kaulinan bentuk blok

figura de acción
figur tokoh

pijama de una pieza
baju budak

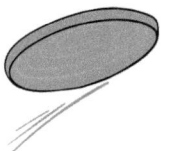
frisbee
frisbee

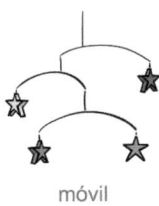
móvil
mobile

juego de mesa
papan gim

dado
dadu

tren eléctrico a escala
set model kareta api

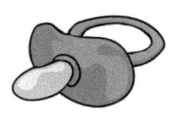
chupete
endot

fiesta
pihak

libro de dibujos
buku gambar

pelota
bal

títere
bonéka

jugar
ulin

cuarto de los niños - kamar budak

arenero
wadah pasir maénan

columpio
ayunan

juguetes
kaulinan

consola de videojuego
video gim konsol

triciclo
sapedah roda tilu

osito de peluche
bonéka beruang

guardarropa
lomari baju

vestimenta
acuk

calcetines
kaos kaki

medias
kaos kaki

panti
baju ketat

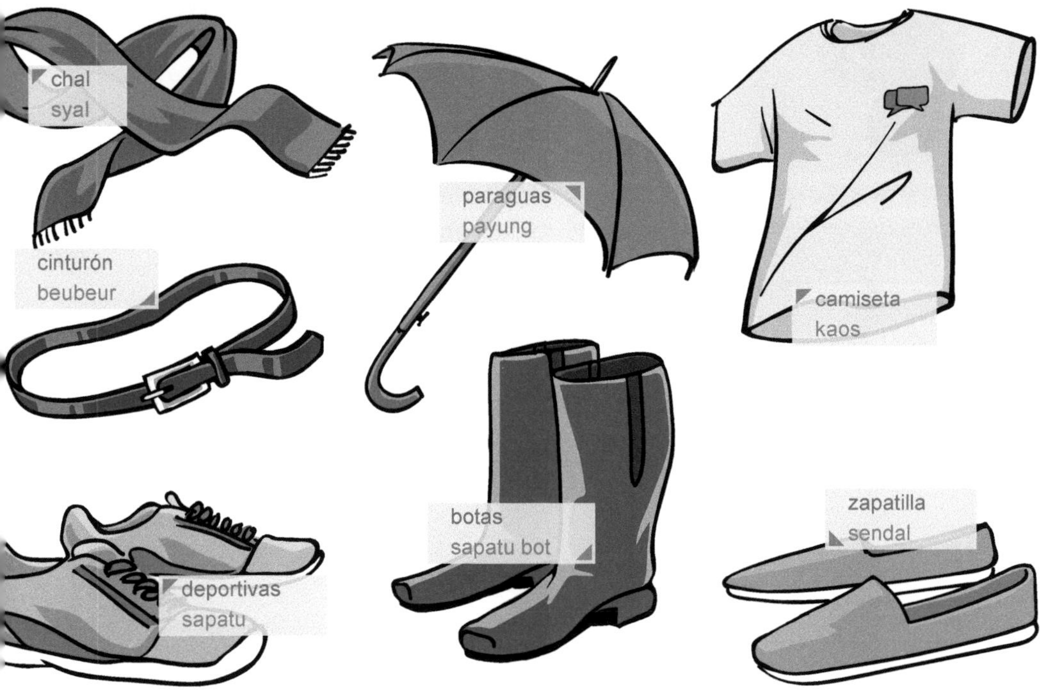

chal
syal

paraguas
payung

cinturón
beubeur

camiseta
kaos

botas
sapatu bot

zapatilla
sendal

deportivas
sapatu

sandalias
sendal

zapatos
sapatu

botas de goma
sapatu bot karét

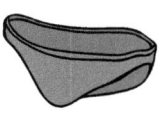

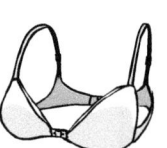

ropa interior
cangcut

corpiño
kutang

camiseta
baju rompi

vestimenta - acuk

body
awak

pantalón
calana

jeans
jins

falda
rok

blusa
blus

camisa
kaméja

pullover
jakét tiung

sweater
baju haneut

blazer
jakét

chaqueta
jakét

abrigo
jakét

impermeable
jas hujan

traje chaqueta
kostum

vestido
gaun

vestido de bodas
gaun pangantén

vestimenta - acuk

traje
baju resmi

camisón
baju saré

pijama
piyama

sari
sari

pañuelo de cabeza
tiung

turbante
turban

burka
burka

caftán
kaftan

abaya
abaya

traje de baño
baju renang

bañador
calana renang

shorts
calana péndék

chándal
orang raga

delantal
celemék

guante
sarung tangan

vestimenta - acuk

botón
kancing

gafa
kaca soca

brazalete
gelang

cadena
kongkorong

anillo
ali

aro
giwang

gorra
topi

percha
gantungan jakét

sombrero
topi

corbata
dasi

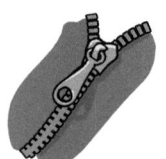

cierre a cremallera
risléting

casco
hélem

tiradores
tali salémpang

uniforme escolar
saragam sakola

uniforme
saragam

babero
apron orok

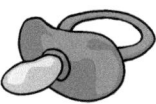
chupete
endot

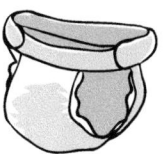
pañal
popok

oficina
kantor

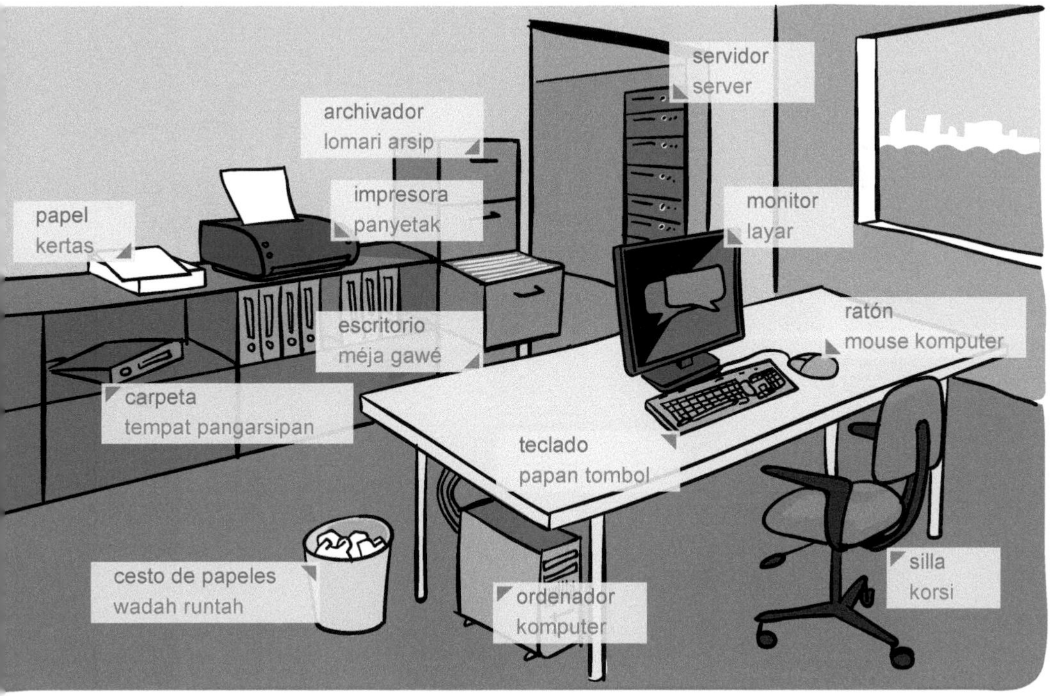

- servidor / server
- archivador / lomari arsip
- impresora / panyetak
- papel / kertas
- monitor / layar
- escritorio / méja gawé
- ratón / mouse komputer
- carpeta / tempat pangarsipan
- teclado / papan tombol
- cesto de papeles / wadah runtah
- ordenador / komputer
- silla / korsi

taza de café
cangkir kopi

calculadora
kalkulator

internet
internét

oficina - kantor

laptop
laptop

carta
surat

mensaje
pesen

teléfono móvil
telpon sélulér

red
jaringan

fotocopiadora
fotokopi

software
software

teléfono
telpon

tomacorriente
plug sokét

máquina de fax
mesin fax

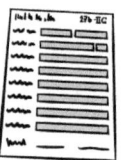
formulario
formulir

documento
dokumén

oficina - kantor

economía
ékonomi

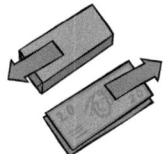
comprar
mésér

pagar
mayar

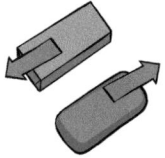
comerciar
dagang

dinero
artos

dólar
dollar

euro
euro

yen
yen

rublo
rubel

franco
Franc swiss

renminbi
renminbi yuan

rupia
rupiah

cajero automático
ATM

casa de cambio

kantor pertukaran mata uang

oro

emas

plata

pérak

petróleo

minyak

energía

énérgi

precio

harga

contrato

kontrak

impuesto

pajak

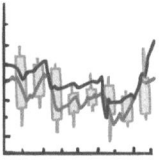

acción

saham

trabajar

gawé

empleado

karyawan

empleador

dunungan

fábrica

pabril

negocio

toko

economía - ékonomi

ocupaciones
pagawéan

policía
petugas pulisi

bombero
pemadam kebakaran

cocinero
koki

médico
dokter

piloto
pilot

jardinero
tukan kebon

carpintero
tukang kai

costurera
tukang jait awéwé

juez
hakim

químico
ahli kimia

actor
aktor

conductor de autobús	taxista	pescador
sopir beus	sopir taksi	nalayan

mujer de la limpieza	techista	camarero
pembantu	tukang hateup	badega

cazador	pintor	panadero
tukang muru	pelukis	tukang roti

electricista	albañil	ingeniero
tukang listrik	tukang bangun	insinyur

carnicero	fontanero	cartero
tukang daging	tukang pipa	tukang pos

ocupaciones - pagawéan

soldado
tentara

arquitecto
arsiték

cajero
kasir

florista
tukang kembang

peluquero
tukang salon

cobrador
konduktor

mecánico
tukang méngkél

capitán
kaptén

odontólogo
dokter gigi

científico
ilmuwan

rabino
rabbi

imam
imam

monje
biarawan

párroco
pendéta

ocupaciones - pagawéan

herramientas
alat

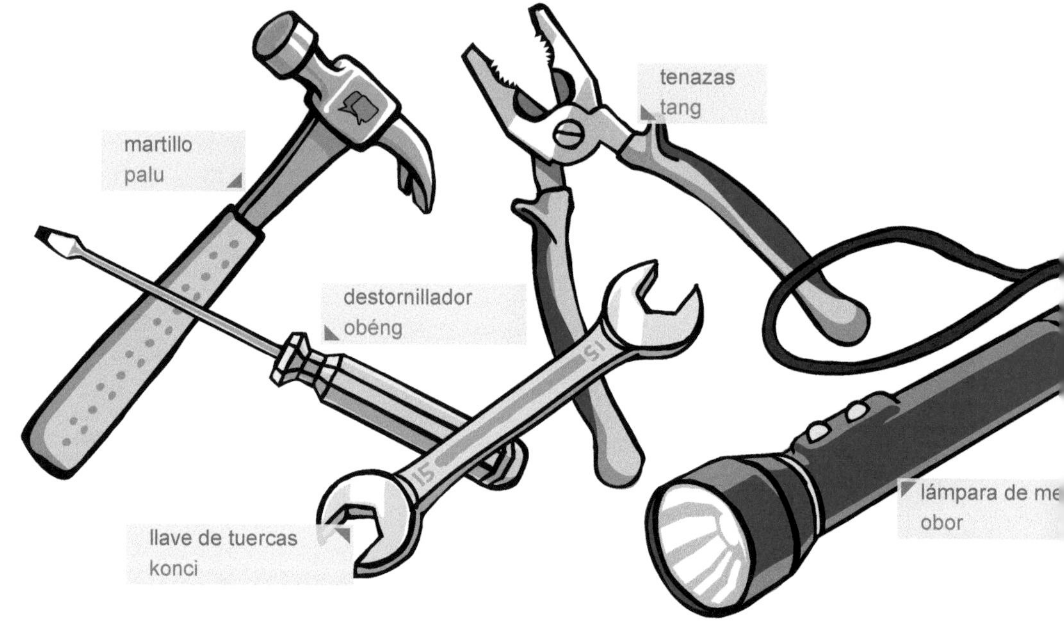

martillo
palu

tenazas
tang

destornillador
obéng

llave de tuercas
konci

lámpara de me
obor

excavadora
panggali

caja de herramientas
kantong parkakas

escalerilla
tangga

serrucho
ragaji

clavos
paku

taladro
bor

reparar
ngabenerkeun

pala
sekop

¡Maldición!
Kéhéd!

recogedor
pengki

lata de pintura
pot cét

tornillos
sekrup bor

instrumentos musicales
alat musik

- altavoz / spiker
- batería / alat dreum
- guitarra / gitar
- contrabajo / bas
- trompeta / tarompét

instrumentos musicales - alat musik

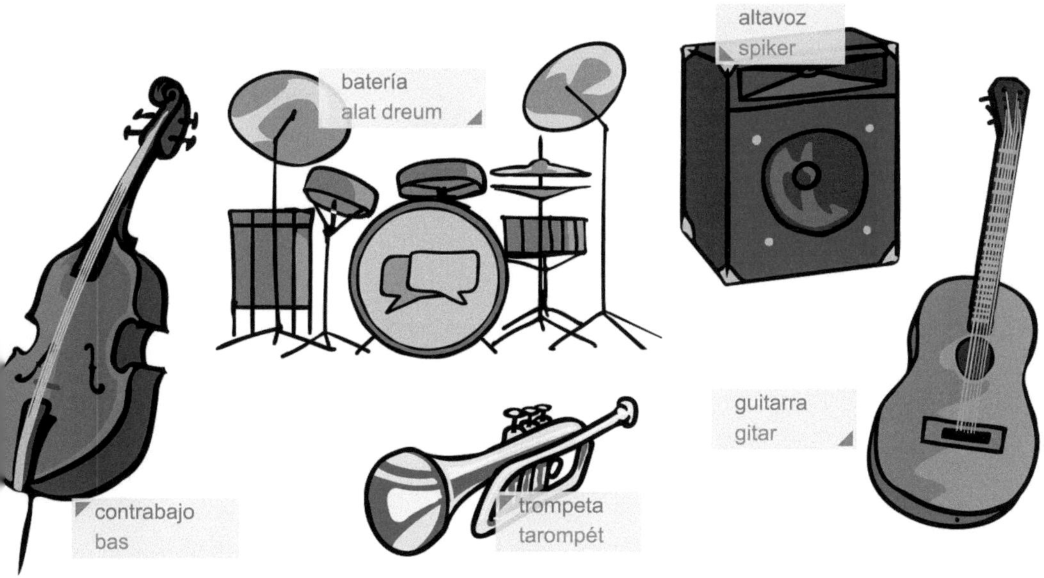

piano piano	violín violin	bajo bas

timbales tambur	tambor dreum	teclado keyboard

saxofón saksofon	flauta suling	micrófono mikrofon

zoológico
kebon binatang

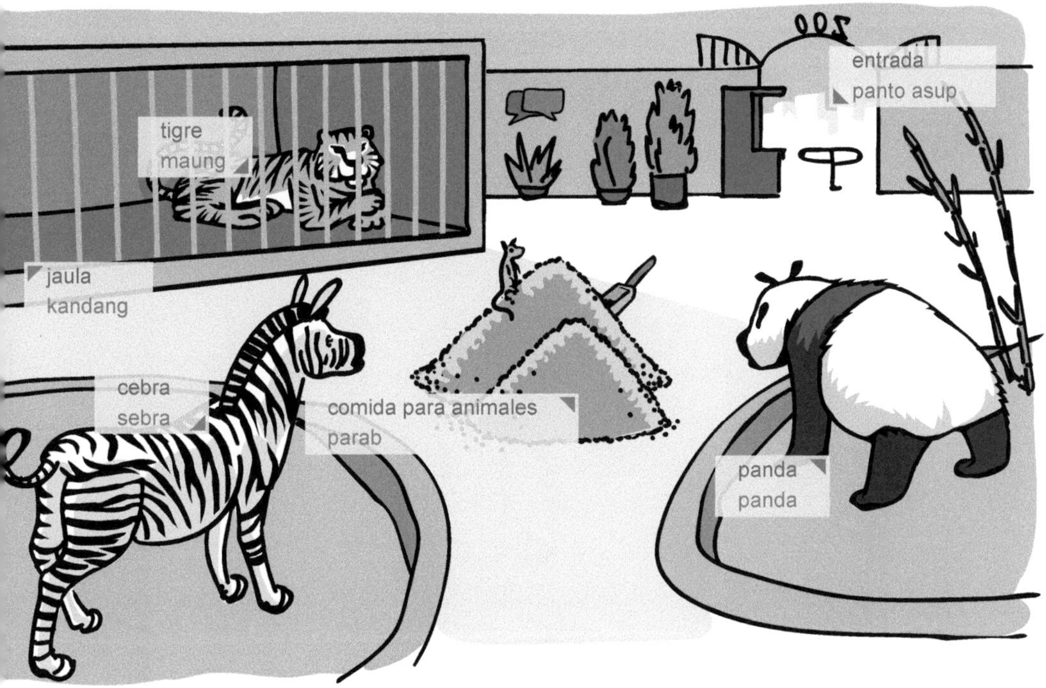

tigre / maung
entrada / panto asup
jaula / kandang
cebra / sebra
comida para animales / parab
panda / panda

animales
sato

elefante
gajah

canguro
kanguru

rinoceronte
badak

gorila
gorila

oso
biruang

camello
onta

avestruz
manuk onta

león
singa

mono
monyét

flamengo
flamingo

papagayo
manuk béo

oso polar
biruang polar

pingüino
penguin

tiburón
hiu

pavo real
merak

serpiente
oray

cocodrilo
buaya

cuidador del zoológico
tukang jaga kebon binatang

foca
anjing laut

jaguar
jaguar

zoológico - kebon binatang

pony
kuda poni

leopardo
macan tutul

hipopótamo
kuda nil

jirafa
jerapah

águila
heulang

jabalí
bagong

pescado
lauk

tortuga
kuya

morsa
anjing laut

zorro
robah

gacela
kijang

zoológico - kebon binatang

deporte
olahraga

actividades
aktivitas

reír / seuri
abrazar / nangkeup
caminar / leumpang
cantar / nyanyi
soñar / ngimpén
rezar / ngadoa
besar / nyium

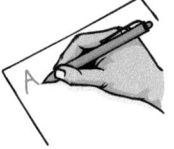

escribir
nyerat / nulis

dibujar
ngalukis

mostrar
ningalikeun

presionar
ngadorong

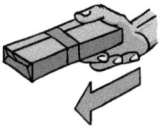

dar
méré

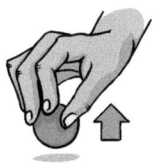

tomar
mawa

actividades - aktivitas

tener
boga

hacer
ngalakukeun

ser
nya éta

estar de pie
tatih

correr
lumpat

tirar
narik

arrojar
malédog

caer
ragrag

estar acostado
saré

esperar
nungguan

llevar
nyandak

estar sentado
diuk

vestirse
anggé acuk

dormir
saré

despertar
hudang

actividades - aktivitas

mirar
ningali

llorar
méwék

acariciar
ngusapan

peinarse
nyisir

conversar
nyarita

entender
ngarti

preguntar
naros

oír
ngadéngé

beber
nginum

comer
dahar

asear
bébérés

amar
bogoh

cocinar
masak

conducir
nyetir

volar
hiber

actividades - aktivitas

navegar
balayar

calcular
ngitung

leer
maca

aprender
diajar

trabajar
gawé

casarse
kawin

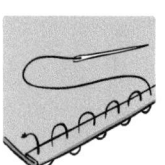
coser
ngajait

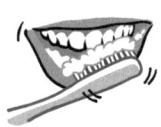
limpiarse los dientes
sikat huntu

matar
maéhan

fumar
ngarokok

enviar
ngirim

actividades - aktivitas

familia
kulawarga

- abuela / nini
- abuelo / aki
- padre / bapak
- madre / emak
- bebé / orok
- hija / budak awéwé
- hijo / budak lalaki

invitado
tamu

tía
bibi

tío
emang

hermano
aa

hermana
tétéh

cuerpo
awak

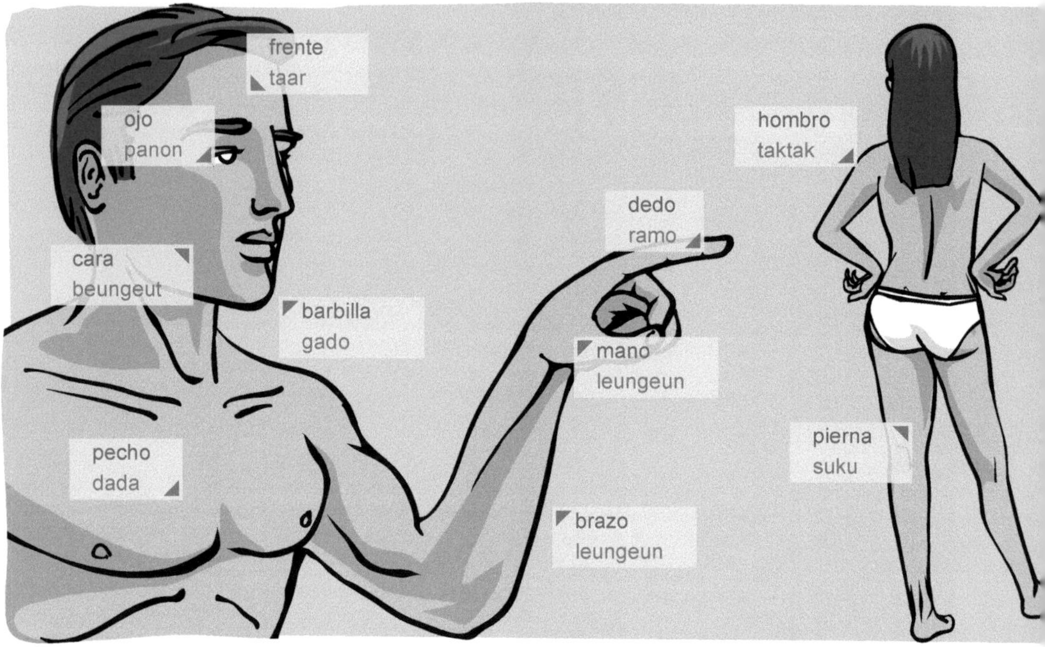

- frente / taar
- ojo / panon
- cara / beungeut
- barbilla / gado
- pecho / dada
- dedo / ramo
- hombro / taktak
- mano / leungeun
- brazo / leungeun
- pierna / suku

bebé
orok

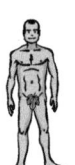

hombre
lalaki

mujer
awéwé

muchacha
awéwé

joven
lalaki

cabeza
sirah

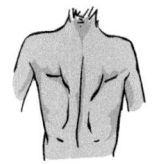

espalda
tonggong

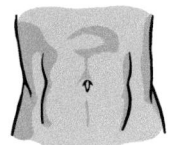

vientre
beuteung

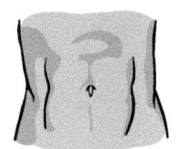

ombligo
bujal

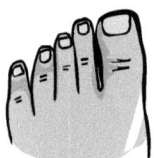

dedo del pie
jempol

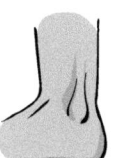

talón
keuneung

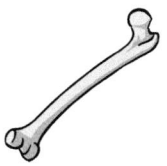

hueso
tulang

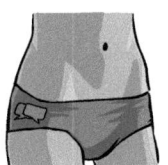

cadera
cangkéng

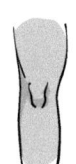

rodilla
tuur

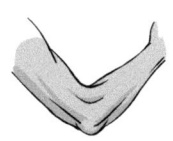

codo
sikut

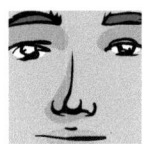

nariz
irung

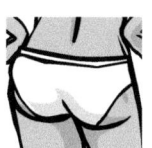

trasero
bujur

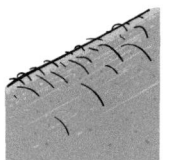

piel
kulit

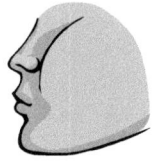

mejilla
pipi

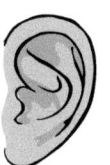

oreja
ceuli

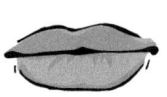

labio
biwir

cuerpo - awak

boca
baham

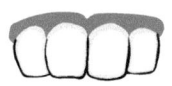
diente
huntu

lengua
létah

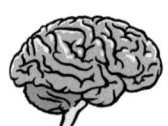
cerebro
uteuk

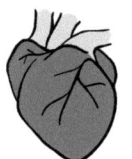
corazón
haté

músculo
otot

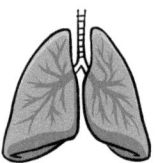
pulmón
bayah

hígado
ati

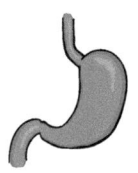
estómago
lambung

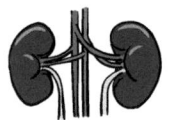
riñones
ginjal

relación sexual
sapatemon

condón
kondom

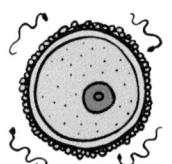
Óvulo
sél telur

esperma
spérma

embarazo
kakandungan

cuerpo - awak

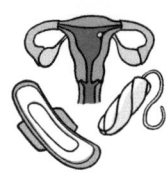
menstruación
haid

vagina
heunceut

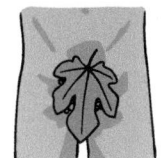
pene
sirit

ceja
halis

cabello
buuk

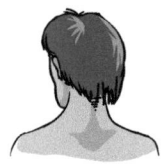
cuello
beuheung

hospital
rumah sakit

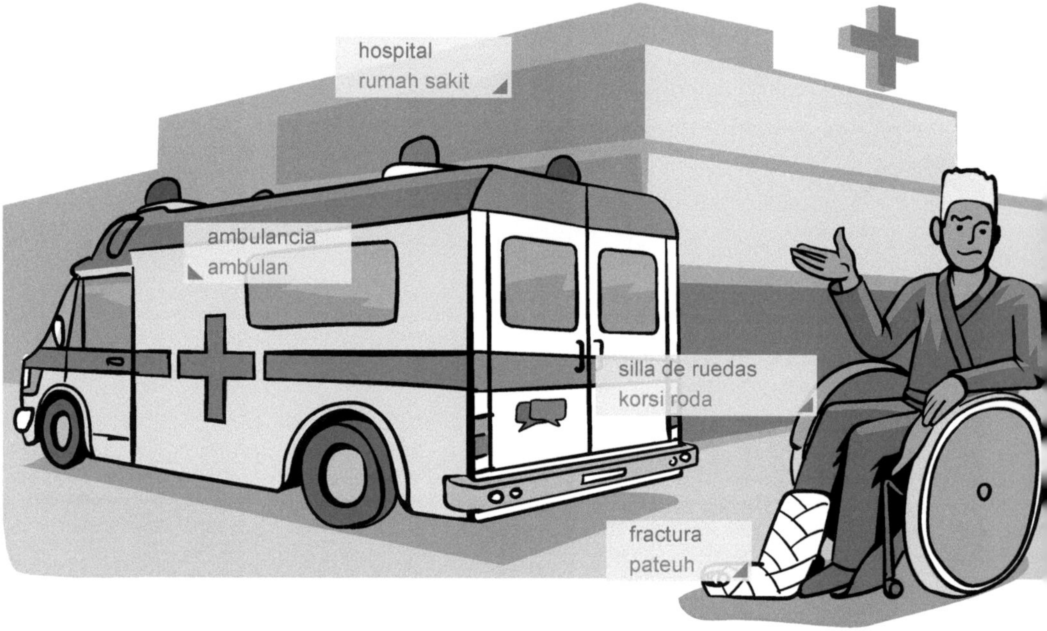

hospital / rumah sakit

ambulancia / ambulan

silla de ruedas / korsi roda

fractura / pateuh

médico
dokter

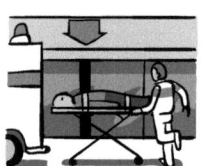

admisión de urgencia
rohang darurat

enfermera
parawat

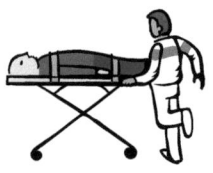

emergencia
darurat

inconsciente
pingsan

dolor
nyeri

lesión
tatu

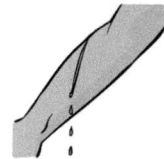
hemorragia
ngaluarkeun getih

infarto de miocardio
jantungan

apoplejía cerebral
strok

alergia
alérgi

tos
batuk

fiebre
muriang

gripe
salésma

diarrea
birit

dolor de cabeza
rieut

cáncer
kanker

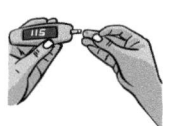
diabetes
diabétés

cirujano
ahli bedah

escalpelo
péso bedah

operación
operasi

hospital - rumah sakit

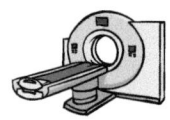
TC
CT

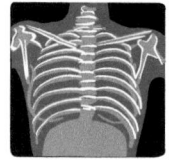
rayos X
sinar x

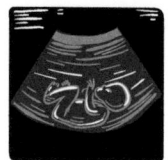
ultrasonido
usg

máscara
topéng

enfermedad
panyakit

sala de espera
rohang tunggu

muleta
pangrojong

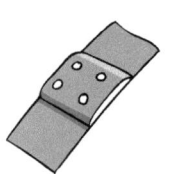
emplasto
paléstér

vendaje
perban

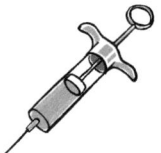
inyección
injéksi

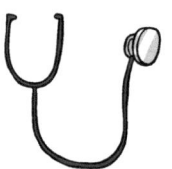
estetoscopio
stétoskop

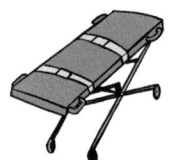
camilla
tandu

termómetro
termométer klinis

nacimiento
kalahiran

sobrepeso
obésitas

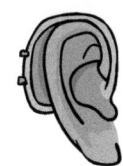
audífono
alat bantu dédéngéan

desinfectante
désinféktan

infección
inféksi

virus
virus

VIH / SIDA
HIV / AIDS

medicina
obat

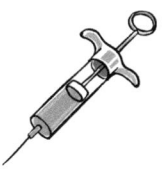
vacunación
vaksinasi

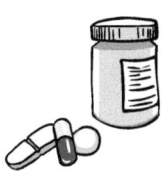
comprimido
tablét

píldora anticonceptiva
pil

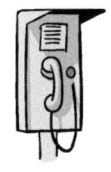
llamada de emergencia
panggilan darurat

medidor de presión arterial
ngukur ténsi

enfermo / saludable
gering / séhat

hospital - rumah sakit

emergencia
darurat

¡Ayuda!	alarma	asalto
Tulung!	alarem	gangguan
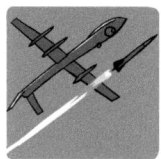		
ataque	peligro	salida de emergencia
narajang	bahaya	panto darurat

¡Fuego!	extintor	accidente
Seuneu!	alat pemadam kabakaran	kacilakaan
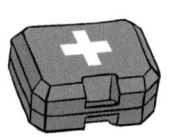		
kit de primeros auxilios	SOS	Policía
kotak P3K	SOS	pulisi

Tierra
Bumi

Europa
Eropa

América del Norte
Amérika Utara

América del Sur
Amérika Selatan

África
Afrika

Asia
Asia

Australia
Australi

Atlántico
Atlantik

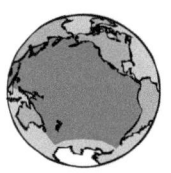
Pacífico
Pasifik

Océano Índico
Samudra Hindia

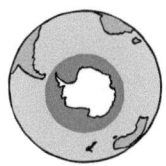
Océano Antártico
Samudra Antartika

Océano Ártico
Samudra Arktik

Polo Norte
Kutub Utara

Polo Sur
Kutub Selatan

Antártida
Antartika

Tierra
Bumi

país
tanah

mar
laut

isla
pulau

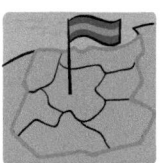
nación
bangsa

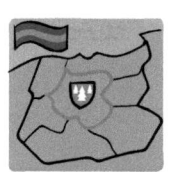
Estado
nagara

reloj
jam

cuadrante
jam wajah

horario
jarum péndék

minutero
jarum menit

segundero
jarum detik

¿Qué hora es?
Tabuh sabaraha?

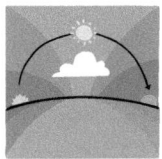
día
poé

tiempo
waktos

ahora
ayeuna

reloj digital
jam digital

minuto
menit

hora
jam

semana
minggu

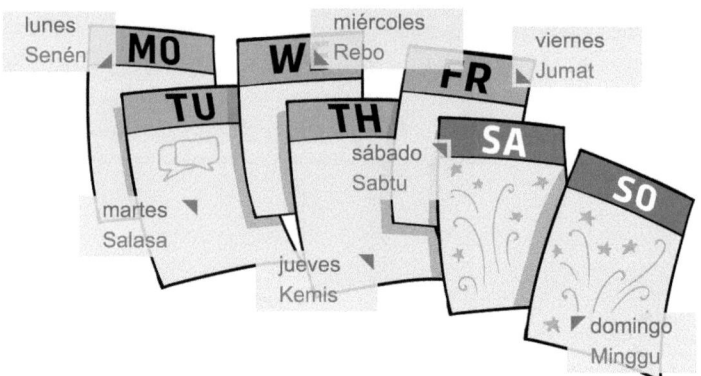

lunes / Senén
martes / Salasa
miércoles / Rebo
jueves / Kemis
viernes / Jumat
sábado / Sabtu
domingo / Minggu

ayer
kamari

hoy
dinten ayeuna

mañana
énjing

mañana
énjing-énjing / isuk-isuk

mediodía
siang

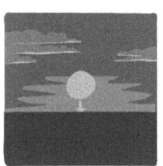

tarde
peuting

jornada de trabajo
poé gawé

fin de semana
akhir minggu

año

taun

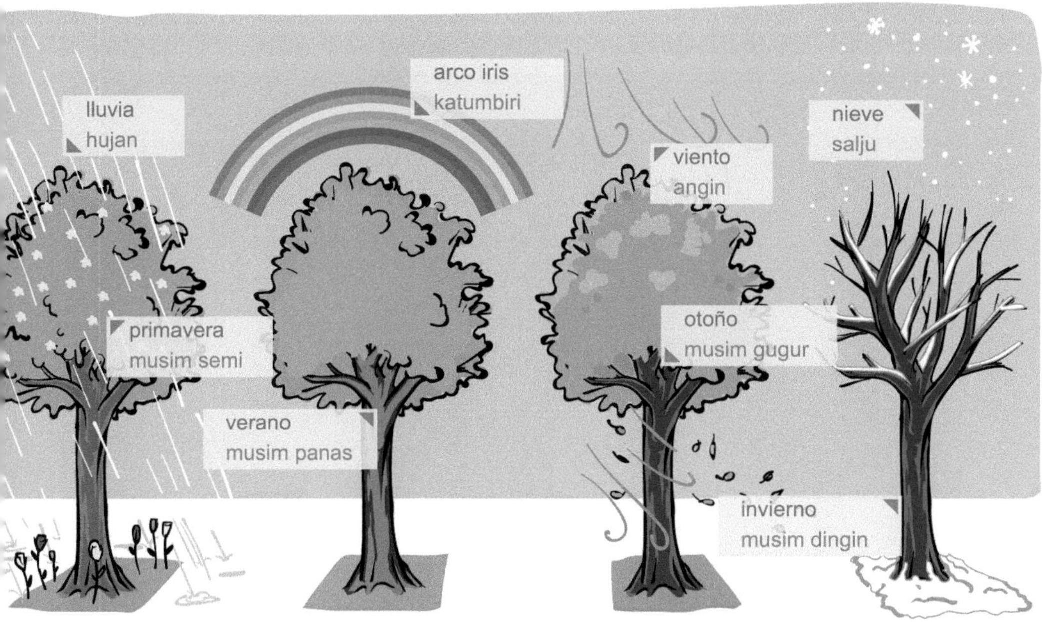

lluvia
hujan
arco iris
katumbiri
nieve
salju
viento
angin
primavera
musim semi
otoño
musim gugur
verano
musim panas
invierno
musim dingin

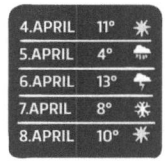

4.APRIL 11°
5.APRIL 4°
6.APRIL 13°
7.APRIL 8°
8.APRIL 10°

ronóstico meteorológico

ramalan cuaca

F C
120 40
90 30
60 20
30 10
0 0
-30 -10
-20

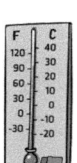

termómetro

térmométer

luz solar

panon poé

nube

awan

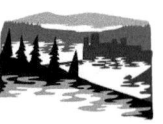

niebla

pepedut

humedad ambiente

kelembaban

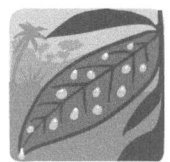

relámpago
gelap

trueno
guntur

tormenta
badai

granizo
hujan és

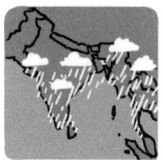
monzón
angin muson

inundación
caah

hielo
és

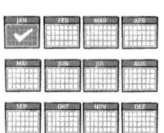
enero
Januari

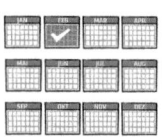
febrero
Pébruari

marzo
Maret

abril
April

mayo
Mei

junio
Juni

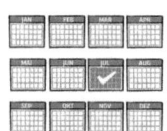
julio
Juli

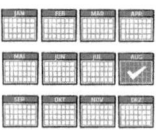
agosto
Agustus

septiembre
Séptémber

octubre
Oktober

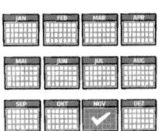
noviembre
Nopémber

diciembre
Désémber

formas
bentuk

círculo
buleudan

cuadrado
persegi

rectángulo
persegi panjang

triángulo
segi tiga

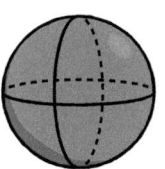
esfera
bola

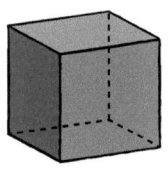
cubo
kubus

colores
warna-warna

blanco
bodas

amarillo
konéng

anaranjado
oranyeu

rosa
kayas

rojo
beureum

lila
bungur

azul
bulao

verde
héjo

marrón
coklat

gris
abu-abu

negro
hideung

opuestos
sabalikna

mucho / poco

loba / saeutik

enojado / calmado

ambek / kalem

bonito / feo

geulis / goreng

comienzo / fin

ngamimitian / réngsé

grande / pequeño

gedé / leutik

claro / oscuro

caang / poék

hermano / hermana

ulur lalaki / dulur awéwé

limpio / sucio

bersih / kotor

completo / incompleto

lengkep / teu lengkep

día / noche

poé / peuting

muerto / vivo

paéh / hirup

ancho / angosto

lega / heureut

disfrutable / no disfrutable

bisa didahar / teu bisa didahar

malo / amigable

jahat / bageur

excitado / aburrido

sumanget / bosen

gordo / delgado

badag / begang

primero / último

kahiji / terakhir

amigo / enemigo

baturan / musuh

lleno / vacío

pinuh / kosong

duro / suave

heuras / lemes

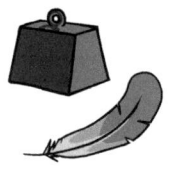

pesado / liviano

beurat / hampang

hambre / sed

kalaparan / haus

enfermo / saludable

gering / séhat

ilegal / legal

ilegal / legal

inteligente / tonto

calakan / bodo

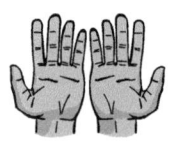

izquierda / derecha

kénca / katuhu

cercano / lejano

deukeut / jauh

opuestos - sabalikna

nuevo / usado
anyar / urut

nada / algo
euweuh nanaon / aya nanaon

viejo / joven
kolot / ngora

encendido / apagado
hurung / pareum

abierto / cerrado
buka / tutup

bajo / fuerte
jempé / gandéng

rico / pobre
beunghar / sangsara

correcto / incorrecto
bener / salah

áspero / liso
kasar / lemes

triste / alegre
sedih / gumbira

breve / extenso
pendék / panjang

lento / veloz
alon / gancang

mojado / seco
baseuh / garing

caliente / frío
haneut / tiis

guerra / paz
perang / damai

opuestos - sabalikna

números
angka-angka

0
cero
nol

1
uno
hiji

2
dos
dua

3
tres
tilu

4
cuatro
opat

5
cinco
lima

6
seis
genep

7
siete
tujuh

8
ocho
dalapan

9
nueve
salapan

10
diez
sapuluh

11
once
sawelas

12 doce — duawelas	**13** trece — tiluwelah	**14** catorce — opatwelas
15 quince — limawelas	**16** dieciséis — genepwelas	**17** diecisiete — tujuhwelas
18 dieciocho — dalapanwelas	**19** diecinueve — salapanwelas	**20** veinte — duapuluh
100 cien — saratus	**1.000** mil — sarébu	**1.000.000** millón — sajuta

números - angka-angka

idiomas
basa-basa

inglés
Inggris

inglés estadounidense
basa Inggris Amerika

chino mandarín
basa Cina Mandarin

hindi
basa Hindi

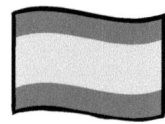

español
basa Spanyol

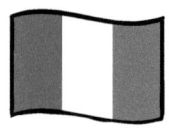

francés
basa Perancis

árabe
basa Arab

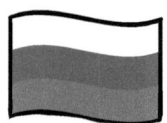

ruso
basa Rusia

portugués
basa Portugis

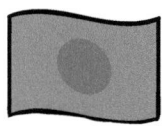

bengalí
basa Bengal

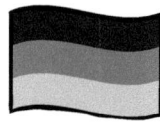

alemán
basa Jerman

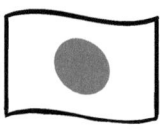

japonés
basa Jepang

quién / qué / cómo
saha / naon / kumaha

yo
urang

tú
manéh

él / ella
anjeunna / manéhna

nosotros
arurang

vosotros
maranéh

ellos
aranjeunna / maranéhna

¿quién?
saha?

¿qué?
naon?

¿cómo?
kumaha?

¿dónde?
di mana?

¿cuándo?
iraha?

nombre
wasta / ngaran

donde
di mana

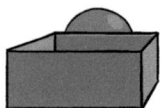

detrás
di tukang

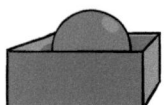

en
di

delante de
di hareup

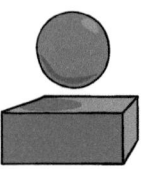

encima de
di luhureun

sobre
di luhur

debajo de
di handapeun

junto a
di gigir

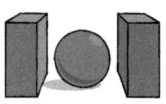

entre
antawis

lugar
tempat